ANNE D'AUTRICHE

ET

L'ÉGLISE DU VAL-DE-GRACE

PAR

G. VAUTHIER

Extrait des *Archives de l'Art français, Mélanges J. Guiffrey,*
nouvelle période, tome VIII, 1914.

PARIS

1916

ANNE D'AUTRICHE

ET

L'ÉGLISE DU VAL-DE-GRACE

PAR

G. VAUTHIER

Extrait des *Archives de l'Art français, Mélanges J. Guiffrey*,
nouvelle période, tome VIII, 1914.

PARIS
1916

ANNE D'AUTRICHE

ET

L'ÉGLISE DU VAL-DE-GRACE

I.

LE SYMBOLISME A LA CHAPELLE SAINTE-ANNE.

A la Bibliothèque nationale figure, parmi les acquisitions récentes (nouv. acq. franç. 10171), un manuscrit qui contient une description de l'abbaye royale du Val-de-Grâce. Il est de la fin du xviiᵉ siècle; une note mise en 1714 à la fin du volume nous apprend quel en est l'auteur : « Tout ce que l'on vient de dire de la fondation du Val-de-Grâce, et des autres particularités que l'on ne voit point, a été tiré des mémoires fidèles qu'en a fournis Mᵐᵉ Madeleine Le Bossu, religieuse dans ce monastère sous le nom de Calvaire. Il aurait été difficile de trouver une personne de son sexe qui eût une plus parfaite connaissance des langues savantes, surtout de la latine, qu'elle écrivait et parlait avec une facilité admirable et une délicatesse surprenante; mais cette bonne qualité n'est pas la seule que cette bonne mère ait possédée; sa prudence, son esprit, sa piété et sa conduite la faisaient infiniment considérer dans l'illustre communauté dont elle occupait une des principales charges

et la plus difficile : l'on sait de quelle importance est
l'office de secrétaire dans une abbaye pareille à celle
du Val-de-Grâce, où, presque tous les jours, l'occasion se présente d'écrire sur des sujets infiniment
relevés à des personnes de la plus grande qualité et
assez souvent aux princes du sang et au roi même
quelquefois. C'est là l'emploi dont la mère du Calvaire s'acquittait avec beaucoup de suffisance et
d'honneur. »

Il n'y a dans ces pages, où nous avons néanmoins
glané des renseignements utiles, rien qui, dans l'ensemble, ne soit connu par les ouvrages consacrés à
la description de Paris. Pourtant, un mot attira notre
attention. Madeleine Le Bossu parle des « hiéroglyphes[1] » que l'on voit aux arcades de la chapelle
Sainte-Anne et à l'arcade du chœur des religieuses.
Elle les énumère sans les expliquer. Un document
trouvé aux Archives nationales nous fait connaître le
sens des allégories sculptées par Michel Anguier.

Anne d'Autriche, petite-fille du sombre Philippe II,
devait le jour à Philippe III, roi d'Espagne. Ce
débile souverain était plus fait pour être moine que
pour recueillir l'héritage de Charles-Quint. Il lisait
l'office avec l'exactitude d'un ecclésiastique ; il pres-
sait le pape de proclamer comme dogme la croyance
à l'Immaculée-Conception ; il croyait entendre des
voix célestes qui lui adressaient la parole en castil-
lan. Sa femme était d'une piété aussi exaltée ; elle
communiait tous les dimanches ; chaque jour, elle

---

1. Ce mot, à propos des mêmes sculptures, a été employé
en 1690 par Guillet de Saint-Georges. Cf. Dussieux, *Mémoires
inédits sur la vie et les ouvrages des membres de l'Académie
royale de peinture et de sculpture.*

entendait deux messes, celle que l'on célébrait en l'honneur du saint et celle des morts. C'est sous cette double influence que grandit la future reine de France. Les livres des mystiques formaient ses lectures habituelles; le symbole régnait autour d'elle; elle le voyait dans le plan de l'Escurial; tout enfant, elle avait entendu parler de l'étrange drame de Lope de Vega, tissu d'allégories religieuses et parfois scandaleuses, qui fut joué à Valence en l'honneur du mariage de ses parents.

Treize ans se passent avant qu'elle devienne mère. L'église qu'elle bâtit en accomplissement d'un vœu fait à Dieu est un symbole : « Elle voulut, dit Madeleine Le Bossu, qu'elle fût un temple somptueux et magnifique pour relever, autant qu'il lui fût possible, l'extrême vileté et abjection du lieu où le Verbe éternel avait voulu naître. » Elle l'est pour une autre raison : le monument glorifie la naissance du divin enfant, mais sur terre aussi, la venue d'un héritier longtemps attendu. Symbole, le baldaquin[1], qui figure l'étable où le Sauveur vit le jour, mais qui, par la richesse des matériaux, par les anges qui encensent, éveille l'image de la Jérusalem céleste; symboles enfin, ces médaillons qui célèbrent les vertus de la Vierge, ineffables modèles proposés à celle qui élève un jeune roi.

La Renaissance a fait disparaître le symbolisme[2]. Au xviie siècle, il va renaître sur la pierre. La cha-

---

1. Œuvre de Michel Anguier. Le groupe de la *Nativité*, du même artiste, qui ornait le maître-autel, est aujourd'hui à Saint-Roch dans la chapelle de la Vierge.

2. Il y a pourtant à noter les allégories que fit représenter Catherine de Médicis autour de la devise qu'elle prit au moment de son veuvage. Voy. sa *Vie* dans Brantôme.

pelle Sainte-Anne est la chapelle de prédilection de
la reine : sa patronne représente le mariage chrétien
dans sa sainteté et sa félicité : ce sanctuaire sera consacré à l'exaltation des vertus et de la gloire des saints
époux.

C'est Michel Anguier qui a sculpté ces hiéroglyphes. Ce que ses biographes nous apprennent de lui
le représentent comme fort pieux, mais le xviie siècle
n'était pas mystique. L'artiste n'a pas dû imaginer
seul ces symboles qui ne parlaient pas d'eux-mêmes
aux yeux, puisqu'à l'abbaye on avait jugé à propos
d'en consigner par écrit l'explication : est-il témé-
raire de conclure qu'il fut guidé par la reine et qu'il
y eut conférences et accord entre Anne d'Autriche et
Michel Anguier ?

Quoi qu'il en soit, nous ne croyons pas sans intérêt de reproduire l'interprétation des hiéroglyphes
du Val-de-Grâce. On y verra une œuvre personnelle
de mystique et qui ne ressemble guère à celle qu'on
trouve dans les ouvrages qui traitent des allégories
sacrées[1].

Aucun des auteurs qui, depuis le xviie siècle, ont
décrit le Val-de-Grâce n'a parlé explicitement de ces
symboles. C'était un secret de couvent. De plus, le
chœur des religieuses était fermé au public. Il en
était de même de la chapelle Sainte-Anne, qui, après
la mort de la reine-mère, devint une chapelle funé-
raire : « Elle est, dit Germain Brice en 1752, entiè-

---

1. Sans parcourir la masse de volumes difficiles à trouver, on
aura une idée suffisante de la mystique dans le livre de Huys-
mans : *La Cathédrale*. Dans les *Annales archéologiques* de
Didron, on ne trouve que quatre symboles répondant à nos
hiéroglyphes : l'agneau, le coq, la tourterelle, la vigne, mais
ces deux derniers sont pris dans un sens allégorique bien
connu, qui ne répond pas à l'interprétation donnée par notre
manuscrit.

rement tendue de noir; il s'y élève au milieu un lit
de velours noir posé sur une estrade garnie de cré-
pines et de galons d'argent avec une représentation
couverte d'un poêle bordé d'hermine. C'est où repose
le cœur[1] de la reine Anne d'Autriche. » Cette chapelle était donc une « de ces particularités que l'on
ne voyait pas », comme dit le manuscrit de la Bibliothèque nationale.

Arcade de la grille.

Les hiéroglyphiques de la grille de la chapelle Sainte-
Anne se rapportent au sacrifice de la messe.

Le cœur brûlant sur un autel est l'image de celui qui
assiste à ce sacrifice. Les vases vides et les vases pleins
représentent notre âme et notre corps : ils doivent être
vides de l'amour du monde et remplis de Dieu. L'autel
au milieu du pain et du vin symbolise les sacrifices juifs
remplacés par l'oblation chrétienne. La cassolette signifie
le corps de Jésus-Christ: son feu, l'amour ardent qu'at-
tend de nous le Sauveur. Le calice, l'hostie, le livre et les
chandeliers : le livre est la parole divine : « Il faut digérer
ces viandes (ces aliments, dans la langue du temps), afin
qu'elles nous profitent, et pour cela, nous avons besoin
de chaleur, c'est-à-dire d'une gravité ardente qui nous est
parfaitement représentée par les deux cierges allumés. »

Arcade en l'honneur de saint Joachim et de sainte Anne.

Le cube : cette figure est égale de tous les côtés et la
plus stable de toutes: elle signifie l'homme de bien égal en

---

1. Dans son testament, la reine avait demandé que son cœur
fût déposé au Val-de-Grâce, auprès de ses filles bien-aimées.
Jusqu'à la Révolution, le grand caveau qui est au-dessous de
la chapelle Sainte-Anne reçut le cœur des membres de la
famille royale, même des enfants âgés de quelques semaines.
On en a la liste. Dans le caveau, il y a encore, — les deux
soutiens de marbre portent trois larmes, — les tables de
marbre qui formaient quatre vastes compartiments où l'on
mettait ces souvenirs funèbres. Le cœur de Louis XIV seul fut
remis aux Jésuites de la rue Saint-Antoine.

toutes les actions de sa vie ; cette fermeté fut une des vertus des saints époux. Le voile blanc sur deux mains croi-
sées est l'emblème de la fidélité ; c'est un souvenir des
mariages d'autrefois quand on étendait un voile blanc sur
la tête de ceux qui venaient pour s'unir. Il peut également
faire allusion à la pureté de la Vierge. Deux cœurs
joints ensemble : « Le cœur étant le siège de l'amour
aussi bien que le principe de la vie », il n'est pas difficile
de conjecturer ce qu'ils veulent dire. Le mûrier « nous
fait une belle leçon de prudence », parce qu'il n'ouvre ses
bourgeons que quand les gelées sont passées. Les deux
cornes d'abondance « nous marquent les vertus qui écla-
taient dans les deux saints. Le joug avec le mot *suave* :
quoique l'Évangile soit une loi d'amour, la soumission et
la servitude en sont pourtant la base : suave : la soumission de l'épouse est agréable parce qu'elle est volontaire.
L'hysope « est le véritable hiéroglyphe de la grâce habi-
tuelle par laquelle nous sommes nettoyés de nos ordures
et de nos péchés, parce que, selon la remarque des naturalistes, cette herbe a la vertu de guérir de la lèpre, qui
est ordinairement prise pour le péché : or, dans les deux
époux, à l'humilité s'ajoutait l'innocence. Le pin : il vit
sur les rochers et les plus grandes montagnes : il est donc
le symbole de la vie austère, ou bien, « disons que la
pomme de cet arbre, qui brûle si facilement, nous insi-
nue l'amour divin qui consumait le cœur de saint Joachim
et de sainte Anne ». Le saule : il vit au bord des ruis-
seaux. « Le juste, suivant l'expression biblique, doit être
arrosé continuellement et entretenu par la grâce. »

Troisième arcade.

La corne d'abondance : elle personnifie toujours les vertus des deux saints. Le figuier, par la douceur de son fruit,
marque la douceur qui régnait dans leur cœur et leur
mépris de la gloire, « parce que cet arbre a de grandes et
larges feuilles sous lesquelles il cache son fruit » ; c'est
ainsi qu'ils cachaient leurs œuvres charitables. Le grenadier et le myrte. Le myrte est consacré à l'amour, mais le
grenadier exprime mieux cette passion, « parce que tous

les grains de son fruit étant joints avec ordre et sans
confusion, il nous représente parfaitement l'amour parfait
et réglé qui doit se rencontrer en des personnes mariées :
la couleur même de ces grains, qui est si belle et si mer-
veilleuse, nous enseigne cette chaste amitié qui doit
régner dans le cœur des fidèles qui sont liés ensemble
par le sacré nœud du mariage ». Les tourterelles : « Les
naturalistes remarquent qu'elles n'ont point de fiel, et que,
par conséquent, elles ne sont pas sensibles à la colère » :
elles font donc allusion à la mansuétude des deux saints.
Le pêcher est remarquable « en ce que son fruit a la figure
d'un cœur et que sa feuille ressemble parfaitement à la
langue et que son fruit est souvent appuyé sur la feuille » :
l'une ne doit donc pas démentir l'autre. L'amandier : il est
pressé d'ouvrir ses fleurs : il est donc l'emblème « de la
grâce prévenante dont Dieu a honoré de bonne heure
saint Joachim et sainte Anne ». Le cyprès : il figure la
mort, et, comme il se termine en pointe, il veut dire « que
le ciel est son centre »; c'est en effet au ciel que les deux
époux attachaient leurs regards. Le peuplier : son feuil-
lage blanc et noir symbolise le jour et la nuit, c'est-à-
dire le temps. Les deux pieux personnages priaient le
jour et la nuit. Cette double coloration peut s'appliquer
aussi à la prospérité et à l'adversité au milieu desquelles
ceux-ci ont conservé la même vigueur et le même esprit.

Quatrième arcade.

Un livre ouvert avec une flamme dessus, entouré de
branches de chêne : le livre est la loi de Dieu gravée par
Jésus; la flamme, le zèle; le chêne, la fermeté. La vigne :
elle est le symbole du travail et de la peine : « il faut, en
effet, beaucoup de soin pour qu'elle donne ses fruits »:
le raisin, c'est la sainteté. Couronne enfermant deux
branches d'olivier : elle figure « la véritable joie et la paix
intérieure qui régnaient dans le cœur de ces saintes âmes »,
l'olivier représentant la concorde dans laquelle elles ont
vécu. Deux couronnes de myrte : allusion aux ennemis,
aux luttes : « Les deux saints les ont méritées dans le
saint état du mariage. » Le pélican : il est l'image de la

tendresse, par conséquent du fils de Dieu. Il peut rappeler aussi « l'amour de saint Joachim et de sainte Anne pour la Vierge, étant tout prêts à donner leur vie pour la conservation de celle de leur fille ». Deux couronnes de roses : le mariage et les enfants sont souvent des causes de peines et d'affliction : il n'en fut pas de même pour nos personnages. Le trousseau de clefs : toutes les vertus ouvrent le ciel; la prière est au premier rang : *Oratio clavis est cœli.* L'enclume et le marteau entourés d'une chaîne : ils nous font souvenir de la patience et de la force que nos saints conservaient au milieu de leurs souffrances et de leurs peines. L'anneau enfermant deux palmes : il est la récompense des deux saints; « le rond de la bague, par la perfection de la figure, nous représente naturellement les divines perfections de Marie, et ce diamant qui est dans le chaton nous marque le fils de Dieu qui est la splendeur de son père enfermée dans les chastes flancs de la bienheureuse Vierge ».

Grande arcade du Chœur des dames.

Le coq : il figure la vigilance : « comme il a la vertu de faire fuir le lion par le bruit de son chant, le fils de Dieu nous apprend aussi que la prière a le pouvoir de chasser les démons ». L'olivier, symbole de la paix, « montre l'état paisible où doit être l'âme quand elle s'approche de Dieu ». La verdure de cet arbre enseigne aussi l'espérance; par la liqueur qu'on exprime de son fruit et qui sert au feu de nourriture, nous apprenons l'amour et la ferveur qu'il faut avoir dans la prière. Le pêcher : même symbole que plus haut, — dans la prière, le cœur et la bouche doivent être unis. Les trompettes et les agneaux : les deux trompettes signifient l'ancien et le nouveau Testament, l'ancien, « parce que la loi de Dieu fut donnée au bruit des tonnerres et des trompettes, le nouveau, parce que nous n'avons pas d'instrument qui soit plus éclatant et qui, par conséquent, exprime mieux la propagation de l'Évangile ». Quant aux prières tirées des deux, elles doivent être consacrées à l'Agneau sans tache. Les tourterelles et les lis : les âmes, cette fleur les figure : celles qui

veulent s'approcher de Dieu doivent être pures : les tourterelles symbolisent les bienheureux qui chantent devant
l'Éternel, ou les âmes qui, séparées ici-bas de la vue du
divin époux, regrettent son absence et, en gémissant,
soupirent après sa possession. La cigogne : elle exprime
« sa tendresse et sa reconnaissance envers ses parents
qu'elle nourrit dans leur vieillesse : faisant son nid au
plus haut des arbres, elle semble nous enseigner à perdre
la terre de vue et à nous élever par la contemplation
jusqu'au trône de Dieu. Elle représente la vigilance, car
il y en a toujours quelqu'une en sentinelle : mais non,
disons plutôt que cet animal, n'ayant point de langue,
doit faire souvenir les religieuses du silence qu'il faut
observer dans le chœur ». Les agneaux : leur blancheur
et leur posture marquent l'innocence et la douceur de
cœur : pourquoi sont-ils nombreux ? parce que le divin
maître a dit qu'il serait là où deux personnes seraient
réunies en son nom : « Il est donc présent à toutes les
prières des âmes religieuses. »

II.

LE TRÉSOR

Les descriptions antérieures à la Révolution disent
que l'église du Val-de-Grâce possédait trois cents
reliquaires, et elles citent toutes un grand soleil d'or
qui avait demandé sept ans de travail et dont la façon
avait coûté quinze mille livres, au moins soixante
mille francs de nos jours.

Un document nous apprend ce que contenait en
1666 le trésor de l'abbaye. C'est l'inventaire, — il y
eut un récolement sous la Régence. — « des reliques,
reliquaires et autres pièces d'orfèvrerie de l'oratoire
de la feue reine-mère ».

Avant son décès, Anne d'Autriche donne au roi
« un grand reliquaire de bois venu d'Espagne, au

milieu duquel il y a une Vierge, aussi de bois, ledit reliquaire enrichi de pilastres de lapis, rempli de différentes reliques et aussi enrichi de plusieurs diamants avec un autel au pied, sur lequel autel il y a une petite croix d'or avec quatre petits chandeliers aussi d'or, estimé le tout à la somme de douze cents livres ». Elle fait remettre à Monsieur, frère unique du roi, « un grand reliquaire d'argent soutenu par deux anges aussi d'argent sur un pied d'ébène, où il y a du voile de la Vierge et du manteau de saint Joseph »; enfin, à Mme de Beauvais, un petit cabinet d'ébène envoyé d'Espagne, dans le fond duquel il y a une Vierge avec plusieurs ornements de cristal.

Tous les autres objets sont légués au Val-de-Grâce; ils représentent la somme de 53,314 livres.

Dans l'inventaire, hélas! trop sobre de détails, on trouve deux tableaux[1], sur chacun desquels est peinte une Vierge garnie de diamants. L'un d'eux est sur fond d'or : en 1721, du consentement de la communauté et avec l'approbation de l'archevêque, il est vendu.

La ciselure est représentée par deux petites figures de bois de saint Antoine de Padoue, l'une enfermée dans du cristal; par une petite figure de sainte Geneviève, en or émaillé avec de petits diamants et de petits rubis; par deux petites niches de bois en chaume dans lesquelles il y a au milieu une *Assomption* de la Vierge, le tout orné de feuillages émaillés avec petits diamants; par deux figures d'argent représentant la Vierge avec son enfant; par une *Flagellation* où sont

---

1. Germain Brice dit qu'à l'intérieur du monument, au-dessus de la porte d'entrée, il y avait une *Descente de croix*, de Lucas de Leyde.

trois figures d'argent et une colonne, et enfin, par quatorze petites figures d'or émaillé garnies de petits diamants représentant les douze apôtres, Notre-Seigneur et saint Joseph.

Les reliquaires sont nombreux : vingt-sept en tout. Ils sont fort riches, mais nous n'avons que le détail des matières précieuses. Nous ignorons à quelle époque, dans quel pays, par quels artistes ils furent faits. En revanche, nous n'ignorons pas toujours quels pieux souvenirs ils renfermaient. Dans un grand reliquaire en forme octogone garni d'or émaillé sur or blanc est conservée la tête de saint Canut, roi de Danemark. Dans deux petits reliquaires de cristal garni d'or, il y a un doigt de sainte Anne et un doigt de saint Isidore[1]. Dans deux reliquaires en forme de bahut, garni de plusieurs diamants, ont été déposées des reliques de saint Laurent et de saint Isidore. Deux petits reliquaires en bois de cèdre émaillé ont des reliques de sainte Radegonde et de sainte Cunégonde. Un fragment de la vraie croix est enchâssé dans une grande croix garnie de plusieurs ornements émaillés et semés de rubis. Une croix garnie d'or émaillé et de diamants a dans son milieu une relique d'une hostie où il y a du sang. Nous ne parlons que pour mémoire d'une grande crosse d'argent avec son pied de marbre soutenu par deux anges, des vases de cristal « à mettre des bouquets », des chandeliers, la plupart en cristal, d'un lustre en cristal garni d'argent doré, de deux bénitiers en agate ou en cristal, garnis

1. San Isidro el Labrador, personnage obscur du xiie siècle, devint sous Philippe III l'objet d'une dévotion populaire et durable. Le roi, gravement malade, revint miraculeusement à la santé, quand on eut porté en procession les reliques de ce saint conservées à Madrid.

d'or, d'un tapis persan, « servant de marchepied de l'autel », et enfin d'un brasier d'argent blanc, sans doute apporté d'Espagne.

Du vivant d'Anne d'Autriche, l'abbaye s'était enrichie d'autres reliques. En 1661, Octavien Caraffa, archevêque de Patras, faisait accorder à Françoise de Margonne de Mareuil, veuve de Charles de Valois, duc d'Angoulême, des fragments des restes de saint Jean et de saint Paul, martyrs. En 1664, le cardinal Chigi accordait à la reine-mère le corps de sainte Félicienne, martyre, *ex cœmeteriis Urbis*.

Les diplômes où était consignée cette double faveur existent toujours. En haut du parchemin et sur les deux côtés court un encadrement large, l'un de 0m73, l'autre de 0m82, du travail le plus délicat. Dans ces bordures où les fleurs sont peintes principalement en bleu et en rouge, le dessin est aussi riche que l'ensemble est harmonieux.

En 1693, on déposa solennellement dans la chapelle Sainte-Scolastique le corps de saint Victor, obtenu par l'intervention de la duchesse de Savoie. Les fêtes religieuses célébrées à cette occasion durèrent plusieurs jours, avec un immense concours de peuple. « Le roi et la reine d'Angleterre y assistèrent le 9 septembre. »

L'abbaye du Val-de-Grâce conservait différents souvenirs d'Anne d'Autriche : une copie de son testament, — la reine suppliait son fils de continuer après sa mort ses libéralités pour achever les bâtiments[1].

1. Anne d'Autriche n'avait pas eu le temps de régler la situation pécuniaire du nouveau monastère. Craignant une mort imprévue, elle fit supprimer l'abbaye de Saint-Corneille à Compiègne et en attribua la mense au Val-de-Grâce. Néanmoins, les revenus de cette maison restèrent modiques. Béné-

— « neuf lettres de la reine envoyées à la mère abbesse
et à quelques dames du Val-de-Grâce, entre lesquelles
il y en a quatre de sa propre main; deux chapelets
donnés par la reine à la Révérende mère de Saint-
Benoît, dont l'un a été trouvé dans la châsse de sainte
Anne, lorsqu'elle fut ouverte pour satisfaire la piété
de Sa Majesté, sans qu'on pût savoir de quelle manière
il y avait été mis; l'autre est fait du bois du buisson
des épines où se jetait saint Benoît dans sa tentation;
un livre fait pour la première communion du roi
Louis XIV, qu'il envoya à la Révérende mère Marie
de Bourges de Saint-Benoît par son confesseur le
R. P. Paulin, de la Compagnie de Jésus; un autre
petit livre manuscrit sur du parchemin avec deux
miniatures, donné par la reine à ladite mère de Saint-
Benoît; la chemise et les gants que le roi Louis XIV
avait lorsqu'il fut sacré dans l'église de Reims le
1er juin 1654, laquelle reine, sa mère, donna à Mme la
duchesse de Vendôme pour les apporter à cette abbaye,
ce qu'elle fit le 21 dudit mois, et avec une médaille
d'or de celles qui se distribuèrent à cette cérémonie;
les premiers souliers du roi Louis XIV, donnés par
la reine, sa mère; d'autres premiers souliers de
Mgr le Dauphin; les premiers souliers de Charles
d'Alençon, fils aîné du duc d'Orléans, frère du roi;
enfin, un dé d'or avec un petit filet d'émail qui servait
à cette grande princesse à travailler ». Madeleine Le

dictines réformées, les religieuses du Val-de-Grâce suivaient
une règle austère. — A la fin du xviiie siècle, le nombre des pro-
fesses était de dix-huit.

Dans les plans primitifs, il devait y avoir en face de la grille
une place demi-circulaire et, dans le milieu de celle-ci, un
obélisque orné de trophées. Il ne fut jamais élevé, mais il fut
cependant dessiné dans une gravure du temps.

Bossu ajoute que l'église possédait un ornement
complet de moire d'argent couverte aussi d'argent,
que la reine-mère fit faire des habits qui avaient servi
au sacre du roi : « Elle les racheta aux officiers de la
couronne à qui ils appartenaient. » Anne d'Autriche
avait empêché « qu'on ne brûlât la chemise et les
gants que le roi avait ce jour-là, et qu'on brûle, à
cause des onctions ».

Dans le « second volume du cartulaire », le seul
qui reste, et d'ailleurs incomplet, on a l'indication
« de plusieurs choses qui ont été données par le roi
Louis XIV et par la reine, sa mère » :

« 1° Une grande médaille d'or où est figuré le portrait du roi et celui de la reine d'un côté et de l'autre
le dessin de l'église du Val-de-Grâce. Elle pèse un
marc trois onces, pareille à celle qui a été posée sur
la première pierre enfermée dans les fondations de
ladite église sous un des piliers du dôme (le Cabinet
des médailles en garde un exemplaire); 2° une truelle
et un marteau d'argent qui servirent au roi à poser
la première pierre; 3° une autre médaille d'or où
sont les portraits de Leurs Majestés, que la reine,
mère du roi, donna à la Révérende Marie de Bourges
de Saint-Benoît, pour lors abbesse : cette médaille
pèse 3 onces 4 gros et demi (au Cabinet des Estampes);
4° deux autres médailles de bronze, dont l'une a les
figures de Leurs Majestés et l'autre le portrait du roi
Louis XIII (description trop vague pour qu'on puisse
les identifier); 5° trois portraits de la reine, l'un en
sainte Hélène, un autre en miniature, âgée environ
de 22 à 25 ans, et une boîte d'acier dans laquelle sont
enfermés le portrait de Sa Majesté et celui du cardinal infant son frère, représentant une *Annonciation.* »

Ajoutons que l'on a sauvé de l'abbaye cinq beaux cuivres pour estampes; l'un assez grand, — la gravure existe, — représente, avec les armes royales dans les coins d'en haut, la façade de l'église; le second, plus petit, le plan de l'abbaye; les trois autres, de dimensions restreintes, sont des portraits d'abbesses: ils conservent les traits de la mère Marguerite d'Arbouze de Sainte-Gertrude, qui était à la tête du monastère quand il fut transféré à Paris en 1621, de la mère Marguerite Dufour de Saint-Bernard et enfin de la mère Monil de Saint-Bernard.

Il faut ajouter au trésor, — ces restes ont un grand prix pour nous, — les papiers et livres que les religieuses gardaient dans une armoire. Il y avait là, c'étaient leurs archives, des pièces concernant l'abbaye du Val-Profond[1], dans la vallée de la Bièvre, d'où leur maison fut, en 1621, transférée à Paris au faubourg Saint-Jacques. Ce n'est qu'une partie des documents qu'elles possédaient. Nous n'avons d'ailleurs pas à en parler. Pour ce qui concerne l'art, nous n'avons à citer qu'un martyrologe incomplet, beau manuscrit du XVe siècle venu du Val-Profond.

Par reconnaissance pour leur bienfaitrice, les mêmes religieuses conservaient dans cette armoire deux volumes de recueils d'éloges et d'oraisons funèbres d'Anne d'Autriche. Elles conservaient aussi les vers qui pouvaient intéresser cette mémoire vénérée, par exemple, un sonnet sur le cœur de la reine déposé dans leur église et un autre sur sa pompe funèbre à Saint-Denis. Un jour même, elles déposèrent dans leurs archives le poème d'un excommunié, mais ce

1. Ce qui subsiste de ces archives a trouvé asile aux Archives nationales, dans le fonds du Val-de-Grâce.

poème glorifiait le dôme du Val-de-Grâce et la fresque
de Mignard, la première que l'on eût vue en France ;
cette œuvre excita l'admiration des contemporains et
c'était un nouveau titre qui rendait fières de leur
maison celles qui l'habitaient. Les vers profanes de
Molière trouvèrent donc bon accueil auprès des religieuses. Leur exemplaire a survécu : imprimé chez
Jean Ribou, il contient à la première et à la dernière
page deux belles gravures d'après Mignard ; dans
l'une, on voit Minerve conduisant la Peinture vers
Apollon qui tient la lyre et est entouré des Muses ;
dans l'autre, à côté d'un personnage qui dessine, le
Temps regarde, le pied sur sa faux ; l'allégorie est
claire : il ne frappera pas un chef-d'œuvre du génie.

Peu versée sans doute dans l'art de la peinture,
Madeleine Le Bossu, après avoir parlé en détail des
sujets représentés par les sculpteurs, renvoie, pour
ce qui concerne le dôme, aux vers de Molière. On
est charmé de trouver dans des pages ignorées ce
naïf hommage. Peut-être a-t-elle fait plus ; un sonnet figure dans ses Mémoires ; il célèbre l'artiste qui
a peint le dôme :

> Il peint les passions, il rend l'âme visible,
> De la Divinité fait un être sensible,
> Représente la Grâce, à la Gloire il atteint ;
> Ce que l'œil ne peut voir, son adresse l'exprime ;
> Comme Paul, il s'élève au ciel le plus sublime ;
> Il voit ce qu'il y vit ; il fait plus, il le peint.

On aimerait à croire que ces vers en l'honneur de
Mignard sont dus à la plume de la discrète et savante
bénédictine.

APPENDICE.

Nous avons dit que le Val-de-Grâce avait reçu des cœurs appartenant à un assez grand nombre de membres de la famille royale. Voici, à ce propos, une histoire singulière et parfois macabre :

Dans les papiers de la Maison du roi, on trouve, datée du 18 février 1819, mais non signée, la pièce suivante, dont nous donnons le passage le plus important :

« En 1793, Petit-Radel. — mort le 7 novembre 1818. — s'empara des boîtes qui renfermaient les cœurs de plusieurs souverains et princes, au nombre de treize, à ce qu'il paraît : il les ouvrit à Saint-Denis même, et donnant au peintre Saint-Martin le cœur de Louis XIV, il lui dit : « Tiens, prends celui-là, c'est le plus gros : c'est celui de « Louis XIV. »

Une seconde pièce donne des détails qu'il est intéressant de rapporter en entier. C'est une notice, précédée de ces mots : « On a découvert, dit M. Schunck de Gerolzheim, deux cœurs embaumés, il y a plusieurs années, dans l'église du Val-de-Grâce, et qui, d'après les inscriptions qui vous ont été en même temps livrées, doivent être ceux des rois Louis XIII et Louis XIV » :

« Radel, surnommé Petit-Radel, ancien architecte du gouvernement, fut envoyé aux frais du roi à Rome pour se perfectionner dans son art. Il paya ce bon roi de ses bienfaits en se distinguant parmi les révolutionnaires les plus acharnés. En 1793, il fut nommé commissaire par le comité de Salut public pour ravir à leurs tombeaux les dépouilles sacrées que conservaient depuis tant de siècles les églises de Saint-Denis et du Val-de-Grâce. Il se réserva une grande quantité d'objets précieux parmi lesquels se trouva (sic) les cœurs des rois Louis XIII et Louis XIV. Il conserva les boîtes de vermeil et les médailles et vendit et échangea les cœurs de plusieurs de nos rois contre des tableaux et de l'argent.

« Ce fut le sieur de Saint-Martin, peintre en paysage, qui

2

fit l'acquisition des cœurs de Louis XIII et de Louis XIV. Le sieur Drolling, également peintre, acheta les autres (le cœur humain, longtemps conservé, tel que celui qui provient des momies, offre une substance très précieuse et très recherchée dans l'art de la peinture). Il semble prouvé, d'après de nombreux renseignements, que le sieur Drolling a employé absolument tout ce qu'il tenait du sieur Radel. Le sieur de Saint-Martin paraît avoir longtemps conservé intacts les cœurs de Louis XIII et de Louis XIV. Cependant, il finit par se servir d'une légère fraction de celui de ce dernier roi. Le cœur de Louis XIII a été conservé en entier et se trouve même entouré des enveloppes qui ont servi à le recueillir; une médaille qui fut attachée à la boîte s'y voit encore.

« Lors de la première rentrée du roi, Saint-Martin n'osa pas restituer les objets; il craignait d'être soupçonné d'avoir pris une part trop active aux excès révolutionnaires. Après le second retour de Sa Majesté, je fus chez ce peintre pour lui acheter un paysage, et, comme je le connaissais depuis longtemps en qualité d'artiste, tout en ignorant ces détails, il me dit qu'il avait les cœurs de Louis XIII et de Louis XIV; je demandai à les voir; il me montra celui de Louis XIV. En tenant en main le cœur de Louis le Grand, je fus pénétré d'un profond sentiment de respect. J'éprouvai une sensation indéfinissable. Je le priai ensuite de me montrer celui de Louis XIII. Il me dit qu'il ne savait pas au juste ce qu'il était devenu, qu'il le chercherait dans des *fouillis*.

« Je l'engageai énergiquement à faire la remise de ces objets au gouvernement. Il me répliqua que, sans les craintes mentionnées ci-dessus, il y consentirait volontiers. Je m'attachai à dissiper ses appréhensions et même à le persuader qu'il serait récompensé. Il fut convenu que je me chargerais de faire les démarches préparatoires : il me dit en le quittant que, pourvu qu'on lui rendît la valeur de ce qu'il avait donné au sieur Radel, il remettrait les objets en question.

« Sur ces entrefaites, ledit sieur Radel vint à mourir, et, à cette époque, il me parvint un catalogue de son cabinet qui allait être vendu. L'examen de ce catalogue attira mon attention sur treize plaques de cuivre provenant des tombeaux du Val-de-Grâce. Je me transportai de suite chez la veuve Radel. En visitant ces plaques, je trouvai celle de Louis XIV. Les autres concernaient la famille des d'Orléans, tels que les Gaston, etc. Je fis mettre à part celle de Louis XIV; lors de la vente de ces objets, le sieur de Saint-Martin la poussa pour mon compte: elle me fut adjugée pour neuf francs.

« Animé du plus vif désir de faire restituer à l'auguste famille des Bourbons des monuments aussi précieux, je fus trouver M. de Valdène, secrétaire particulier de Monsieur. M. de Valdène est mon ami depuis trente ans; ses honorables sentiments, son entier dévouement à la famille régnante me sont connus. Il me promit de mettre une note de cette affaire sous les yeux de Son Altesse Royale. Au bout de quelques jours, je reçus une lettre de M. Malitourne, avec lequel je suis également lié par une fort ancienne amitié. Ce secrétaire de la Maison du roi m'invitait à me rendre chez M. le comte de Pradel, ministre de la Maison de Sa Majesté. J'obtins de Son Excellence une fort longue audience, dans laquelle il fut arrêté que je promettrais au sieur de Saint-Martin un présent supérieur au prix que lui avait coûté l'acquisition du cœur de Louis XIV. M. de Malitourne me pressentit, à la sortie de cette audience, sur ce que je pourrais désirer moi-même. Je lui répondis, d'après la connaissance que j'ai de sa respectueuse affection pour la famille des Bourbons, qu'en pareil cas, sa plus douce récompense serait d'avoir été assez heureux de pouvoir faire quelque chose pour son service, et que j'étais plus que satisfait en agissant de même. J'eus l'honneur depuis de répondre dans ce sens à M. le comte de Pradel.

« Je parvins enfin, le 3 mars 1819, à conduire le sieur de Saint-Martin chez M. le comte de Pradel. Il lui fit la remise du cœur de Louis XIV, et Son Excellence lui donna une tabatière d'or. J'eus pour mon compte la satisfaction de joindre à la restitution du cœur la plaque que je m'étais procurée à la vente sus-mentionnée. M. le marquis de Dreux-Brézé, grand maître des cérémonies de la Maison du roi, fut présent à Paris à la réception de ces objets. M. le comte de Pradel voulut bien m'adresser mille remerciments et me faire l'offre de ses bons offices.

« Depuis lors, j'insistai souvent près du sieur de Saint-Martin pour qu'il s'occupât de la recherche du cœur de Louis XIII. Mes instances furent sans succès. Plus tard, il tomba sérieusement malade, et, se trouvant bientôt à l'article de la mort, il me fit prier de passer chez lui : ce fut dans ce moment solennel qu'il me remit le cœur de ce roi avec une médaille fixée sur la boîte ; le cœur était encore dans les étoffes qui servirent à l'embaumer. J'obtins un rendez-vous de M. le comte de Pradel le 13 novembre 1820 et j'eus l'honneur de lui remettre le cœur et la médaille.

« Il me pria de rédiger une notice qui constatât la découverte des cœurs de ces deux monarques, et, sans le changement opéré dans le ministère de la Maison du roi, je me serais occupé plus tôt de ce travail.

« En foi de quoi je signe et affirme sincère et véritable l'exposé ci-dessus.

« Fait à Paris, le 15 juin 1822.

« *Signé* : SCHUNCK, VALDENÉ, MALITOURNE. »

Tout d'abord, quel est ce Schunck qui apporte de si étranges révélations ? « On le connaît, dit le premier document, depuis trente ans : il a toujours été homme d'honneur et bon Français. » M. d'Agoult et le duc d'Aumont, qui l'ont vu près d'eux pendant l'émigration, se portent garants de ses sentiments de parfait royaliste.

Il met en cause un ancien inspecteur général des bâtiments civils, un architecte connu. Petit-Radel avait un cabinet contenant des objets nombreux et curieux, — on en commençait justement la vente le 8 février 1819, — il possédait des plaques qui avaient été mises sur des boîtes funéraires, — le catalogue ayant existé, il faut bien le croire. D'où venaient-elles ? Évidemment de Saint-Denis.

Il en coûtait peu d'attaquer la mémoire d'un homme qui n'était plus là pour se défendre : les documents répondent pour lui. Les entrailles de Louis XIV, dit Dangeau, furent portées à Notre-Dame « sans beaucoup de cérémonie ». Quant à son cœur, suivant la volonté du

souverain, il fut déposé dans l'église des « Grands
Jésuites » de la rue Saint-Antoine. Mis du côté de l'Épître,
écrit Piganiol de La Force, et sous un des arcs, il était
soutenu en l'air « par deux anges en argent, dont la dra-
perie était de vermeil, ainsi que le cœur, la couronne, les
armes de France et les autres ornements ». Ce monument
était l'œuvre de Coustou le jeune, et il avait coûté
600,000 livres.

En 1819, on croit à la légende du vandalisme et on
imagine, avec une scène odieuse, un propos qui n'a pu
être tenu. On sait que Dom Poirier, avec trois assesseurs,
nommés, comme lui, officiellement, assista aux exhuma-
tions de Saint-Denis. Or, Petit-Radel[1] n'y figura pas. La
calomnie dont il fut l'objet tombe donc aussitôt.

On pourrait, ajoute le premier papier, par l'entremise
de M. Schunck, retirer des mains du sieur de Saint-Martin « ces précieux restes dont l'authenticité ne saurait être
douteuse ». Il est entendu que le peintre possède le cœur
de Louis XIV, mais on veut parler aussi des plaques
Que celles-ci soient authentiques. — le duc d'Orléans,
futur Louis-Philippe, en a fait acheter douze, celle de
Mlle de Montpensier, celle de Gaston d'Orléans. Schunck
ayant mis la main sur celle de Louis XIV, — c'est vrai-
semblable, mais, pour ce qui concerne le cœur de
Louis XIV, il faut s'inscrire en faux, car, de ce souverain,
il ne reste rien, ni monument, ni cendres.

L'auteur de la notice se souvenait probablement de ce
qui s'était passé en 1817. M. Servier, qui a publié une
histoire du Val-de-Grâce, rapporte, d'après les archives
particulières du baron Larrey, que la boîte contenant le
cœur du fils aîné de Louis XVI, mort en 1789, avait été
sauvée par le sieur Legoy, secrétaire du comité de l'Obser-
vatoire, remise enfin à la famille royale et portée à Saint-

---

1. Sous l'ancien régime, Petit-Radel (né en 1740) avait été
nommé, en raison de sa probité, inspecteur des bâtiments
civils. Après la Révolution, il ne fut guère qu'architecte con-
sultant. Il avait fait construire l'hôtel du Trésor et le grand
abattoir du Roule. Il eut deux frères également distingués, l'un
comme chirurgien, l'autre comme archéologue; ce dernier fut
membre de l'Institut.

Denis sans pompe, mais avec des cérémonies convenables. Pourquoi, se disait-on, les cœurs royaux n'auraient-ils pas échappé de même à la destruction?

La notice reprend les calomnies dirigées contre Petit-Radel. Cette fois, ce n'est plus seulement Saint-Denis, c'est le Val-de-Grâce qu'il a profané, et pourquoi? En bon Français, pour voler, pour remplir sa bourse et augmenter ses collections. Malheureusement, les témoins que l'on pourrait interroger sont morts, Drolling le père, en 1817, et Saint-Martin, en 1820.

Le cœur de Louis XIII est intact. La belle preuve d'authenticité qu'une médaille « qui avait été fixée sur la boîte » et que ces vagues enveloppes! Quelle boîte d'ailleurs? Schunck ignorait donc que le métal précieux qui le contenait avait été fondu; il ne savait pas non plus qu'un des trésors de l'église Saint-Paul était le monument sculpté par Jacques Sarrazin pour recevoir un dépôt qui était un souvenir de l'affection de Louis XIII pour les Jésuites; il n'avait pas davantage visité le Musée des Monuments français : il y aurait vu des figures empruntées à cette œuvre. On a, pendant la Révolution, dépouillé le caveau du Val-de-Grâce : à ses yeux, cela suffit; il n'y a pas à douter que ces plaques n'en viennent. Admirons ce procédé expéditif d'écrire l'histoire; étonnons-nous aussi que le futur roi des Français achète douze plaques et n'essaie pas de racheter la plus précieuse, celle de Louis XIV, laquelle a été vendue neuf francs!

Quel rôle jouaient dans cette affaire le littérateur Malitourne et Vaddene, qui devint, en 1829, secrétaire de Charles X? Probablement celui de naïfs, de dupes, qui voulaient faire briller leur culte pour les rois légitimes. Celui de Schunck est obscur. Le 15 juin 1822, il proteste de son désintéressement absolu; au mois d'août, il demande la croix de la Légion d'honneur. Il ne l'obtint pas.

Que devinrent les deux cœurs? Pour répondre à cette question, nous reproduisons un passage emprunté à une brochure publiée en 1842, sans nom d'auteur (*Notice historique sur l'église Saint-Paul* :

« On dit que les cœurs de nos rois, après l'enlèvement

des monuments, furent enveloppés dans un linge et enter-
rés dans le passage Saint-Louis, au bas des marches de
la porte de l'église. Ce fait a été rapporté par M. D***,
membre de plusieurs académies, ancien marguillier de la
paroisse, Piedfort père et Rigolet, bedeaux en 1802, ledit
sieur Piedfort, témoin oculaire. »

[En note :] « Après ces déclarations qui nous ont été
faites par MM. D*** et Rigolet, nous n'avons pas été peu
surpris de lire aux archives de la bibliothèque du Louvre
un procès-verbal constatant la remise, vers 1815 et 1820,
des cœurs de Louis XIII et de Louis XIV entre les mains
de M. de Dreux-Brézé et de M. le comte de Pradel, l'un
des cœurs rapporté par un sieur Petit-Radel, commis pendant la Révolution à l'enlèvement des monuments de
nos églises, et l'autre par ses héritiers. Le procès-verbal
est signé de ces deux nobles personnages et de plusieurs
témoins. Le roi ordonna qu'on renfermât ces cœurs dans
deux boîtes de vermeil et qu'on les déposât à l'abbaye
de Saint-Denis. Procès-verbal fut fait aussi de ce dépôt. »

Nous avons cherché inutilement dans les documents
imprimés une mention de ce dépôt. Si les deux cœurs
furent envoyés à Saint-Denis, ce fut bien obscurément et
sans la moindre cérémonie. Les monographies consacrées
à l'antique abbaye ne parlent pas de ces boîtes. Abel
Hugo, — car c'est à lui que Quérard attribue un ouvrage
sur les tombeaux de Saint-Denis, publié en 1825, — n'en
dit pas un mot, et il est à supposer cependant qu'il n'aurait pas négligé un fait tout récent et qui avait son intérêt.

« Cependant, il y a tout lieu de croire que la cons-
cience du roi et des autres témoins a été trompée en vue
d'une récompense promise. En effet, le premier procès-
verbal semble lui-même en offrir plusieurs preuves :
1° parce qu'il contient la déclaration faite par le sieur
Petit-Radel et ses héritiers, que ces cœurs ont été enle-
vés par lui au Val-de-Grâce, où ils n'ont jamais été déposés; 2° parce que le sieur Petit-Radel les aurait rendus
en même temps, s'il les eût possédés, tandis qu'il déclara
d'abord n'avoir plus que l'un des deux, et qu'il s'écoula
un long espace de temps avant que ses héritiers rappor-
tassent l'autre. Enfin, M. le comte de Pradel nous a con-

firmé dans nos doutes en accueillant lui-même nos observations et nous assurant que des récompenses avaient été données, bien qu'on eût négligé de faire les informations précises.

« Nous pouvons ajouter qu'on eut tellement foi dans les déclarations de MM. D***, Piedfort, Rigolet et autres, qu'en 1811, M. Leriche, curé de Saint-Paul, et MM. les marguilliers firent exécuter des fouilles dans le passage Saint-Louis pour retrouver ces cœurs, mais elles demeurèrent sans résultat, vingt années environ ayant plus que suffi pour consommer des chairs préservées par une si frêle enveloppe. »

La bibliothèque du Louvre ayant été brûlée pendant la Commune, il n'est plus possible de recourir aux documents originaux. On regrette de ne pas connaître le nom des témoins: on aurait voulu savoir si Schunck, ce qui est probable, figurait dans cette affaire.

Sur deux points il y a concordance : il est exact que la remise du cœur de Louis XIV a été faite avant celle du cœur de Louis XIII: il est exact que des récompenses ont été données. Le reste est un tissu de mensonges et probablement de faux: par contre-coup, on voit s'effondrer tout ce qui a été raconté au sujet des peintres Saint-Martin et Drolling. Encore une fois, quel but se proposait celui qui machina semblables inventions?

Remarquons, en terminant, avec quelle légèreté ce roman fut accepté par la Maison du roi. De purs légitimistes, après vingt ans, ne savaient plus où avaient été déposés le cœur de Louis XIII et celui de Louis XIV. Des fonctionnaires considérables ne songèrent pas à faire une enquête : elle eût cependant été facile, et elle aurait confondu des contradictions, des erreurs grossières et on ne sait quel louche trafic.

Nogent-le-Rotrou, imprimerie DAUPELEY-GOUVERNEUR.